Ernst Meister: Sämtliche Gedichte / Zahlen und Figuren (1958). Herausgegeben von R. Kiefer

Ernst Meister

Zahlen und Figuren
Gedichte

Rimbaud Presse

Alleinige Textgrundlage für diese Ausgabe ist die
Erstausgabe, Wiesbaden: Limes, 1958.
Spätere Veränderungen wurden nicht berücksichtigt.

Frontispiz:
Ernst Meister (1959) photographiert von Else Meister

Titelbild:
Aquarell (1969) von Ernst Meister. Privatbesitz

Gedruckt mit finanzieller Unterstützung
des Regierungspräsidenten, Köln

© 1987
    Rimbaud Presse
    Postfach 86
    5100 Aachen

Satz:
VA Peter Großhaus, Wetzlar

Druck und Bindung:
Fuldaer Verlagsanstalt

Printed in Germany
ISBN 3-89086-980-7

Schlangen winden sich
um den grauen Berg,
wo ich listig
breche den grünen Farn,
dem Traum sogleich
unters vernehmende,
zählende Haupt.

GEDÄCHTNIS

GEDÄCHTNIS

Es ist das Gehn, der Weg
und weiter nichts.
Die Schwermut blinzelt,
Sonne im Zenit.
Staub streuen lächelnd
Tote dir aufs Lid.
Es ist die Last
nie größeren Gewichts.

Verdacht gedacht,
Gram –
Bücher Grams gegrämt
und wiederholt
so Fragen wie Geduld.
Du holde Kunst...
Ist Sinn um Sinn gebracht,
erschrickt das Holde noch
in seiner Huld.

Es ist die Last
nie größeren Gewichts.
Dem Wendewind,
den du entmündigt hast,
folgt her und hin
der Gräser Haupt im Ried.
Staub streuen lächelnd
Tote dir aufs Lid.

Es ist die Last
nie größeren Gewichts.

7. VII. 1957

Offen stehn Fenster und Türen
in dieser Mitternacht...
Kommt, härene Schmetterlinge,
laßt uns lesen unter der Lampe
und weinen die Liebe Gottes,
der uns zu seinen Söhnen gemacht,
laßt uns bedenken der Nacht
Heil und Gebrechen...
Kommt, Schmetterlinge!
Alle Fenster und Türen
stehn offen!

FALLEN

Fallen.
Die Himmel halten nicht.
Kein Engel hält.

Fallen.
Nicht Flügel breiten sich
jenseits der Welt.`

Fallen,
wo fremd das Liebe weicht.
Ich fürchte mich sehr.

Fallen,
durch das vielmehr
Ende dem Anfang gleicht.

Fallen.

PFEIL

Wenn ich denke,
wieviel Hirne
weiß und vergangen
im Raume sind

und ich dies
mein Denken denke,
schließt sich
das Labyrinth.

Weißer Pfeil,
will ich
mein Schwarzes treffen.

TOTE MÜNDER

Kränze, die modern,
auf einen Hügel gewälzt,
kaum ein Versprechen.

Wisse doch,
über die Gräber stelzt
in steter Maske

der EINE HERR,
der, über die Erde rufend, befiehlt:

grünen Buchstab
von toten Mündern zu brechen.

DAS ICH

Die Nacht war Geduld,
ein einziger langer
Ton der Geduld.

Das Ich dünkte sich
Hirte und Hund und
wandernde Herde zugleich.

DAS DENKEN

An kalkener Wand,
wo die Nessel flammt,
dein Hirn die rüsselnden
Fliegen verdammt,
an der lodernden Wand,
die Urine ätzen,
wird ein Schwarm des Wahren
dein Auge entsetzen.
Dann hast du vor allem
dich selbst erkannt.

Das brennende Denken,
vom Grüne gehalten,
gestachelt vom trockenen
Weißen der Wand,
es wird dich nie
dem Gewebe entreißen
unabdingbaren
Daseins.

DER PFAU

In Gedanken
morde ich den Pfau,
der im kostbaren Garten sich spreizt,
unter der schläfrigen Sonne
sein Rad schlägt,
riesige Fächerblüte
über dem unerfahrenen Grün.

Es bewundert still
die Vogelorchidee.
Die Fontänen aber
übersprudeln sich höher als sonst,
eh sie in ihre Teiche tauchen.
Die Koniferen räuspern sich,
und die Schnurbäume
klatschen erregt mit den Zweigen.

Leimruten habe ich gelegt
der Eitelkeit und mich selber
daran gefangen.

Im weißen Anzug
naht mit den Dienern
des Gartens Moloch.
Er klatscht seine Schenkel,
als man mich greift.

Die Fontänenteiche, meine Augen,
ganz violett, spiegeln purpurn
das Rad des Pfaus, das statt der Sonne
am Himmel sich dreht:
Sie hingen mich an den Füßen auf.

Der weiße Herr
geht ins völlig verfinsterte Haus.
Die Diener folgen ihm
wie eine Schleppe.

VERTAUSCH

Seht, ich
hüllte in Scharlach den Wolf,
nachdem eine lachende
Schere ihn schor,
er im Lichte stand
nackt, und er
Gras zu fressen begann.

Seht, ich
krönte das Lamm,
als seine Zunge
abgefallen war,
da es lecken wollte
des Wolfes letzte
verwesende Beute.

Seht,
ich hüllte in Scharlach
den Wolf und krönte
das Lamm.

VERHÖR

Ins Verhör
nimmt dich mit Schweigen
ein Stein.

Nun
aus verwestem
Ja und Nein

auferweckt,
kannst du unerschreckt

durchs Öhr
solcher Schöpfung steigen.

GEBOTENES

Gebotenes
Gelände.
Dein Prüfsinn wach,
er mißt
es aus
und weiß
am Ende
sich gleichso
sicher,
gleichso
schwach.

Du: Gran,
du: Bissen Zeit,
du:
Schwierigkeit
in einer hellen
Nacht.
Es
liegen deine Hände
auf jedem Wort,
das
Miene macht.

LAGE

Krankheit
deckt dich mit Tüchern zu,
tut Abbruch
deinem Gedächtnis.
Ist da noch
eine Fahne, die lodert?

Wenn die mürben Zähne
der Zeitlosigkeit
über dein Laken gestreut sind,
blinkt Herzas trübe
aus dem Kehricht dich an.

Fern vor der blinden
Lage des Gebeins
äugt ein Knabe
in den großen Raum,
späht nach dem ersten Lied,
das sich selber singt.

Ward je
ein Lied gesungen?

Wenn die mürben Zähne der Zeitlosigkeit
über dein Laken gestreut sind,
sticht Herzas
stumpf.

EINE MURMEL

Eine Kindermurmel
rollt in mein Zimmer,
von fern rollt sie
ins Gras, das ich bin,

Gras, dessen Spitzen beben,
während es sich unterhält
mit Rosen aus Stuck
an der Decke.

WENN DIE DINGE PAUSE HABEN

Wenn die Dinge Pause haben
sie reden nicht schweigen nicht
da ist weder Last noch Laben
des Augenblicks
da ist weder Schwinden noch Bleiben
nichts kehrt sich ab
nichts schaut dich an
da will ins Kreisende treiben
was west als ein Nichts und begann
Wenn die Dinge Pause haben
sie reden nicht schweigen nicht
da ist weder Last noch Laben
des Augenblicks.

DAS LICHT

Wenn ich meinen Augenblick
wüßte...
sagt mein Tod,
und er wünscht manchmal,
zu reden.

Ich seh,
daß Weiß und Weiß,
Rot und Rot
sich befehden...
sagt mein Tod.

Daraus folgt erst
das Licht...
sagt mein Tod,
und er wünscht manchmal,
zu reden.

SPRICHWORT

Entfernten Mondes
Funken im Gefieder,
Sprichwort im Hakenmund...
In den Augen der Eule
lacht die Nacht sich gesund.

Von sieben Gründen
sind neun verborgen.
Wär wohl zum zehnten
die Leiter zu finden?

GESPRÄCHSPUNKTE

Auf dem Rücken eines Tigers
im Traume hangen,
bis das Träumende schwindet
und das Tier übrigbleibt.

Geklammert an eine Planke
im Meer
geklammert an eine Planke im Meer.

Vielleicht auch
zerkaut man ein Ölblatt,
während die Taube schon fliegt.

Weh dem, der ist
und wie dem auch sei:
»dort droben nur flüchtig
vom Brote gegessen«
»zwei Stirnen im Kloster«
und »gebadet die Hoffnung«.

Als wir gestern
über den Friedhof gingen von W.
der am Berge liegt
cette mort pas commode,
an ein Ölblatt geklammert,
ein

schöner Spaziergang
quer zum Gefälle
und mit dem Gefälle
im warmen März
Alte Kreuze
und eine neue Ästhetik.

Ein Toter,
bereits vergeßbar,
hat sich in Goldlack gehüllt

– neben duftet ein Feuer –

und denke dir, Bruder,
denke dir einen Akkord,
der wie diese Narzissen
gelb ist.

für Anneliese Badenhop

DOPPELBILD

Die Erde,
wenn sie mit Rehen weidet
auf braunen Hügeln
ein silbernes Licht.

Die Zeit,
wo das Frühjahr,
noch nicht fertig,
von Wiegen träumt.

Ich habe Klippen gesehen,
schwarz
vor rubinenem Himmel,

das silbenlose
Gutenacht
der Welt.

HIMMEL DER KREATUR

VON MIR ZU DIR

Und der Himmel
in Spiralen
eine Sehnsucht,

während das Knie
birst
in Kreatur.

Die Füße schmerzen.
Die Stimme bebt.
Aber von mir zu dir

nah
auf dem Wege
zum Tod.

GEBORGEN UND GEFANGEN

Auf stummen Giebeln
standen weiße Hähne
regungslos.
Es glänzten
Schindeln und Gefieder
im Licht des Monds.

Im Strahl des Mondes
hielt und drehte ich
ein Kreuz.
Wie Lack
troff ab von ihm
zinnoberrotes Blut.

Ich fühlte mich
in einer großen Nuß,
mit Hähnen, Dächern,
Kreuz und Mondschein, Blut
– als Kern in ihr –
geborgen und gefangen.

LEGENDE

Als der
seinen Gefährten und Hüterinnen entlaufene
    Knabe, die
Stadt suchend – hinter dem Walde
    wähnte er sie, die Stadt und seine
    Mutter darinnen –
auf seinem kreisenden Irrgang
    neben dem Ameisenhügel
    ermattet hinsank,
senkte die Erlauchte des chitinischen Volkes
    die lidlosen Augen sowie
    das Zepter, wispernd:
    Fini
    ce petit.

Die Emsen
    hielten inne, verharrten
    noch einen Augenblick
    reglos, wimmelten wieder.

Nicht allzulange, so blühte
    der Zenit im Gewölbe
    unendlicher Zeit, das
    Zero,
    über dem kindlichen Haupte, nun
beinern kahl.

SESAMLICHT

Es war ausdrücklich
heiß,
es war
ein Sesamlicht,

entschlüsselnd mir...
ich weiß
es klar
und wieder nicht.

Ich fühlte mich beschenkt
von Blatt- und Beerenschein,
sodann hinausgelenkt
aus diesem Innesein

dahin, wo, Feuer schier,
Licht das Gebein umfing,
Gedanke Kugel ward,
die alsogleich zerging.

für Hans Jürgen Leep

EIN STÜCK ZEITUNGSPAPIER

Liegt herum, gilb,
wurde gebraucht,
bei Zittergras
räkelt es sich.

Zerknüllt
Nachrichten, Tode,
der Wind
beschnuppert sie.

Auch
Fliegen
sind
interessiert.

KÜSTE

Kehr dich
zu meinem Mund.
Ich sage dir
ein Schifferlied
unter die Wimpern:

Daß wir segeln
mit den Augenlidern
den Faden
der Küste entlang,
mit dem Licht im Gespräch.

DIE LEBENDIGEN

Dächer,
von Armut leck,
von Leben rot,
Füße der Tauben
mit bräutlichen Ringen.
Das Licht ist lauter
von naher See.
Welche Ernten
sind einzubringen?

Ich weiß es nicht.
Sie leben hier
von geheimem Korne,
und es ist ein Tauschen
zwischen dir und mir
vom Distelstrauch
und vom blühenden
Dorne.

TOTER CHRISTUS

Wiewohl betretend
die sanften Sünderinnen,
war er vermutlich
dem JÜNGSTEN lieb,
Sonnengefieder und Sichel,
Geist, der die Morgen kräht,
die Morgen des Herzens.

Anwesend war er
den kurzen Tagen des Sohnes,
fast ein Jünger.

Was aber begab sich?

Der Kahn, eine Predigt,
treibt
auf hohen Wassern
und setzt sich
auf einen Berg.
Das Wort bleibt vorhanden
als eine Prüfung.

Toter Christus!
Der Hahn hat, Herr,
länger als drei Tage
deinen Namen geschrien,
bis ein Stein stöhnte:
Ich bin Leib
und muß schlafen.

KRÄNKUNG

Kränkung, welche die strengen
Himmel bereiten...
Knabentränen und -worte.

Sieh auf der schartigen
Klippe das Lamm.
Es läßt

sich von Gott gefallen,
ohne Tränen und Worte
und ohne Eden zu sein.

HIMMEL DER KREATUR

Ohnmacht zieht ihren Strich
quer über den Himmel
der Kreatur
und ihrer Propheten.

Und kein Wunder
kommt aus dem Abend.
Demütig blinkt
sein Stern.

ANTIQUITÄTEN

Antiquitäten. Trödel teils.

Nickt mir die Greisin zu,
Besitzerin des Magazins:
Wohlan! –

Wohlan. Die Kupfersonne sinkt.
Das Grau des Zinns
naht mit Notwendigkeit.

Was zielen noch,
und außerdem vergeblich,
historische Pistolen
auf die Sonne?

Sprich, Engel in Barock,
sag deine Litanei:
Ja, Zinn kommt ohnehin,
lockt Sinn als Wort herbei.

Sagst es; sprichst wahr
Vokale, Konsonanten.

Terrinen... Steckenpferd?...
irdene Bäuche... eins... zwei... drei...
nein: vier, mit Sprüchen, Löffelloch...
Terrinen, staubig fett.

Das T im Spiel.
Das T von Tau und Tugend,
Tiegel, Tröstung, Ton und Tor und Tat,
so blankes T, trüb zugeschneit
mit Staub.

Nächtige Spielerei...

Als Morgen kam,
ein Degen schnitt
auf seiner Schneide Staub.

Bowlen genug
und schon das eine
schnöde Ölgesicht – Charakter aus Tyrol –,
verschiedene Stangen Siegelrot,
alpakne Messer, Bronzehirt
zuviel.

Doch sinkt die Sonne nicht?
Das Grau bald da.
Wohlan!
Zinngrau kauft alles –

Antiquitäten, Trödel teils.

IN DER FRÜHE

Brodem des pfeifenden
      Wasserkessels
unter der Wange des Morgenmonds.
      Melkstrahl
ins singende Maß
      aus den Eutern der Frühe.
Hirten, unergründliche,
      schon erheben sie sich,
zu weiden die Welt.
      Ich aber schlafe.

Wie ein Fleiß der Himmel
      kommt Morgenröte.
Sie trommle
      auf meine Stirn, ich
vernähms nicht.
      Denn ich liege betäubt
im stummen Echo
      meines eigenen Schreis
WOHIN? WOHIN?
      als es mich in den Hafen
verschlug, dem das Meer
      entwich, und wo,
am zerfallenden Kai,
      Strandhafer malmten
mit verneinenden Kiefern
      ganz Unterjochte.

Und ich
    schlafe,
belagert von einer großen
    Henne, die mein Gehirn bebrütet,
als die Schornsteine rascher
    in den Straßen ausschreiten,
von Sirenen gerufen,
    als in der Gasse
die Milchfrau den wachen Müttern
    und bettlauen Schlampen
schellt und jene Schar
    zu den Stechuhren eilt,
Mädchen durchs Tor der Fabrik,
    Taschen schwingend,
Honig des Schlafs
    auf den blanken Lippen.

SCHWERMUT

Der Mond
rostrot
und als sei
er zum letzten Mal rund,

meine Wimper weiß,
sie ist wach im Tod,
da schwebt ihr, ein Nebel,
das Grab vorbei.

Sie ist Motte
auf einer Nessel, die blüht
zu dieser Sekunde...

In nie stillerer Sekunde
leuchtet auf eines Lammes Vlies,
grübeln die Himmel sich dunkel.

VERTRAUEN INS FÜRCHTEN

Bis der
Marmorbruch
blutet.

So haben sie
geplündert
das Weiße.

Sieben oder
siebzig Segel,
es ist immer die Fahrt
durch die Eingeweide der Fische,
die Hirne der Weltmacher,
die Weisheit der Einsiedler.

Ein Schiff –
so tutet
nicht Traum;
so kreischt
der Wirklichkeit
Same.

Und nicht
die Fülle des Meeres
schrumpft,
wenn dein Begreifen
scheitert...
an was?

Daß
der Befehl tönt:
Fahren!
Mit Kinderliedern
an Deck,
getöteten.

Vom Erze,
Trümmer gegen Trümmer von Figuren,
dröhnt es.

Sehr harsch die Brüche,
glitzernd in dem Abend.

So sieh denn, wie
der lichte Zierat
zersplittert
der Pforte
und wie

auf Mitten der Tür,
die gähnt,
ein Wappen erscheint:
ein Geier.

Ein Schrei – oder war es
ein Blitz,
der sich bohrte
ins Brachfeld voll Unkraut?

Und
eine verkohlte Stelle,
die gierig beleckte alsbald
eine Mähre des mageren Jahres.

Weißes Mark
quoll aus dem Feuerofen.

Dann ein Sturz
von Distelblüte.
Grüne Röhren zischten.

Dreier Männer Münder
glühend
spieen Kerne aus der Öffnung,

und von Grannen
war ein Wirbel
funkelnd um die Lippen.

Sie lachten.
Sie saßen

grau
in den Flammen
und lasen

in einem Buch,
das ihnen sagte,

wie alles
verwirkt sei
für immer.

Schlohweißes Haar
des Kapitäns
im gelben Hurrikan.

In Fetzen alles.
Die Fracht,
wohl tausend

Särge Fratzen,
schießt grundwärts
mit dem Schiff.

Gerettet reitend
auf dem Albatros,
schrei ich Matrosenlied.

Schnitt
in die Wurzel. Hier
aus dem Herzen quillt
die Wolfsmilch,
von der sich das Lamm nährt.

Hier
ist Biß.
Die Sanftmut
zieht sich das Fell ab.
Am Nackten gedeiht
der Zahn.

Öl der gepreßten
Frucht,
aber Schlaf noch mehr
in den Bärten.

Angst, der
Beilhieb ins Holz,
doch gezimmert
für den Schlummer
die Wiege.

Ein jähes Vertrauen
ins Fürchten.
Die Früchte sind wendig,
und fruchtbar ist Eden.

Daran Furcht hing, der Baum
bemutet auf einmal
mit Äpfeln, von Segen
für keinen und jeden.

GRAN

Fragenden Winden draußen
das Gran
von Ährengewißheit.

Es sind
die Räume sehr leer,
und ich weiß,

es ist
kein Same der Mitternacht
von ihr selbst.

Gib also sich grämenden
Winden ihr Gran,
ehe du schläfst.

für Emil Barth

Im Schlaf
Fische gefangen.

In der Frühe
der Traum voll Tau,
in der Frühe
die kalten Bäche.

In der Aufgangsstunde
Tod geträumt
und dem Herrn
die Angel befohlen,

Haken und Wurm
zu tauchen ins Strömende.

Bedächtigen Berg
krönt
eines Fischs Gerippe.

Teichgrund, in meines
Herzens Mulde
ganz still Gebein ruht
eines Vogels.

Viel
Steine und Gebeine
fing ich,
Himmelsnetz und
Netz aus Wasser;
Fische, Vögel
bracht ich,
Netz aus Lehm,
nach Haus.

Und wiederum
Fisch und Vogel,
biß ich mich
aus dem Netze,
das mich fing.

Schilf, das gleich Haar
mich aus dem Wasser zog,
Ufer

von Geduld.
Die Himmelssichel
spielte

Flöte.
Wasser spie

noch immerfort
mein blauer Mund.

Jenes Gehäuse... Hieronymus...
ich glaube, es ist

März, noch liegt
Schnee.

Und
Spuren tretend
draußen im Weißen,

denke ich freundlich
an den Schädel
da drinnen.

Wie springt Sonne
mit den Dächertropfen
in die Schädelschale
meines Winters!

Und ich schütte
mir ein Meer davon
zusammen, kaufe
Schiffe von den

Sonnenwerften,
heure Hähne an
als Steuermänner –
Doch von welchem

zweier Strände
wähl ich mir
die Wimpel?

Verbrieft ist Moder.
Dermaßen
werd ich dich anblicken,
solcherart
wirst du mich erkennen.

Noch
in der Bernsteinkugel
wohne ich,

luge nach draußen,
sehe die Lilie feiern,
Distel stacheln das Licht,

noch in der Bernsteinkugel
bin ich.

Aber besiegelt
ist Moder.

Doch so
will ich dich nicht anblicken.
Wie solltest du mich auch
erkennen?

So wäre denn
ein Lied zu singen –
nicht dies:

Posaune, grünspankrank,
saug an der roten
Sonne Mund –

ein Lied wie kühles Zinn,
ein Lied wie dies
vielleicht:

Und nun,
nicht grün,
nicht grau,

Gras, Zwielicht und
von namenloser Zeit
ein leichter Tau...

Ich zieh mich zurück
aus polypener Nacht
Zutraun hab ich
zu des Herzens Kristall.

Was gab mir Rat?
Ach, das irrende
Ächzen im All.

Licht des Achs
im Kristall

vertreibt den Polyp.

für Clemens Heselhaus

Es war
des Tages Heiterkeit
von Kirschenröte.

Ein Reim
lag in der Sonne,
ruhte

an der Lüfte Schulter.
Mit Bienen, die
ich weiß nicht welcher

Blüten Lockseim
zu den Körben trugen,
schwätzte es sich gut.

für Lotte Gießelmann

Was Götter waren einst,
sind Schauens
hell lebendige Augen jetzt,
blaue Iris, blauende Pupille,
Blicken, das der Himmel blüht,
ein Beet aus Blick.

Nein, nicht leer
der Himmel. Nick nicht,
Staubgefäß, dem
schweren Blute, denn
von Wächtern oben, Betrachtern
deiner Wachheit, wimmelts.

Nein, nicht
leer der Himmel,
doch geklärt.

NICHT ORPHEUS

WIDERSPIEL

I

Schneetreiben – die
Sorge des Fleisches
stiebt auseinander,

in purpurnen Wirbeln
begreif ich
mütterliche Gewalt.

Wie das?
Ich, Sohn aus
trockenem Tag,
verworfen, verdingt
dem Hellen, dem
unausgesetzten
Verdacht!

II

Widerwogend
und widerschäumend
wehes Meer!

Die Fahnen der Schiffe
hassen die Winde,
kreuz und quer
geblasen aus jenem
törichten
Pausbackenkopf.

Ich werf mich von Planken,
ein Kranker,
trinke
aus käuenden Mäulern

Salzflut
und stürze,
Schwalbe der Unsee,
zurück
in die Nabel der Schiffe.

WENN SOLCHER REGEN NAHT

Wenn solcher Regen naht
staubigen Wimpern,
schwer
von Gewitter
bin ich.

Zücken dann
Blitze auf,
werfen Früchte ins Zwielicht,
frag ich: Wo habt ihr
die Toten?

O des Sterns
Eingeweide!

Allmählich
haften
glühende Schuppen
der Netzhaut.

KLANG

Witternd vorbei
an gespannten
Saiten
aus Erz und von Därmen...

was
nur schaudert,
besinnt sich

aufs Holz um den Hohlraum,
empfindet
den Bogen... Klang

ist,
während es scheint,

als wolle
die andere Hand
die schreckliche Liebe
erwürgen.

WECHSEL

Sonnenstrahlen,
auf Dornen prallend –
Lanzenspitzen,
einander stechend –:

wie da ein Feuer
der Rosen anbricht,
Ziegel und Kiesel
im Garten beglühend!

Jetzt
zeigt mein Spiegel
ein graues
Gesicht.

für Erwin Sylvanus

FÜRCHTIGES WOHNEN

Vögel, o zwitschernd,
welch wache
Augen! Lidlos.

In diesem Geäst
ist ängstiges Wohnen.
Nester aus rotem, aus
heißem Schnee.

Paarung: Feuer
verkrallt mit der Asche.
Das, was schon ist,
entspringt.

Etwa ein Blühn –
bis ein Jähes, Erbangtes,
ein Arges

das lebende Nachtreich,
sein Astwerk
erschüttert.

NICHT ORPHEUS

Lauscht, Tote,
auf des Wurmes Harfe!

Grünt Gras
den Himmel zu?

So milde Lanzen –
schließt
so milder Ton
den Himmel zu?

Lauscht, mürbe Ohren,
auf des Wurmes Harfe! –

Was sind wir Spiegel,
wir,
der Wurm, das Gras –
wie bald
des Spieles gram!

Nur
noch der leise
Nachklang
eines Lachens.

UNS KANN NICHT LEICHT SEIN

Uns kann nicht leicht sein.
Zuviel ist Totenbesitz.
Vor mancher Blume
gilt ein Verneigen.

Die Rosen zum Beispiel.
Hinter den Blüten
wahrscheinlich ein Spähn.
Man muß vorübergehn

im Sichverneigen.

Manchmal
blickt Gallert hin,
Auge des Todlosen,
ob ein Wesen
noch da ist.

Zärtlichkeiten, sie waren
der einzige Ton?

Von meinem Munde
irrt eine Nuß

zu einem
in tausend Jahren.

FIGUR

I

Sieben Vögel
in einem Holunder.
Der erste ist tot.
Der zweite fragt,
was das sei.
Der dritte pickt
sieben Eier entzwei.
Der vierte nascht
von den Dottern.
Der fünfte Vogel, fiederlos,
tändelt mit einer Beere.
Der sechste Vogel
wie Aussatz weiß.
Der siebente singt:
Sieben Vögel...

II

Das läutet ein Rot
und schläft.

Das leuchtet,
dunkel sich selbst.

Das prescht,
aus Feuer ein Roß,

durch Schilf
im uranischen Raum.

Das schwebt,
ein Bleiches, des Wegs,

die Finger
in Locken des Traums.

Das stürzt,
ein Blutendes, hin

und starrt auf das Rote,
das schläft.

WENN AUFGRÜNT GRAUEN

Wenn aufgrünt Grauen,
Erstaunen aufgeht rot,
das Zimmer Nein raunt
und der Ort heißt Ja,
ein goldener Reif
die Stirne würgt, dann
Wenn und Wann zerträumt:
die Kugel, Traums, erscheint.

ODE UND GESANG

SPÄTE ODE

Räder, mit dem Haar einer Göttin verwirrt,
viel Erzähltes, nun
zählst du,

Kugel, riesige,
heißer Same!

Wenn dein
Mittag kommt,
verberg ich mich
hinter dem Schachtelhalm,
kommt dein Abend,
kaure ich
unter dem Espenblatt,
naht deine Nacht,
wälz ich
über mich das Sandkorn.

Ich, ein
Falter
aus zwei Flügeln, dem Leib
ausgerissen,
Admiral!

An deiner Rüste, deiner hellesten
Blinde, Sonne, deinem brandigsten
Düster flieg ich vorüber von
weitem still
entzwei
oder schreiend in meinem Sarg.

ENDE

An die Rückwand des Spiegels
gelehnt... Ende... nun
birst, Frucht, gib her
dein verborgenstes Feuer, ich habe
geliebt mich zu zärteln,
im Kristalle zu sehn die Esser
alle und mundlosen Dinge.

Wie du mich labst jetzt, Marille,
im Kerne aufstrahlender Finsternis!

HANFEN

Dreieinigkeit
meiner Liebe
zum

Herzpfeil
des Lichtes, zur harschen, der höhlenden
Nacht, zum verstreuten,
wie Schnitzel gilben
Papieres, wie Scherben ererbter
Teller verstreuten Lichte eines
ich weiß nicht
was flüsternden Tags.

Verspottend den innigen
Herzpunkt,
der ich säume mit Nadeln des Unmuts
– die Öhre dem Droben geraubt,
die Spitzen dem Stichling entwendet –
das hanfene Kleid meiner Liebe
an ich weiß nicht
was
dröhnendem
Tag.

GESANG VOM HEXENSTOCK

Dies ist der Gesang vom Hexenstock er ists
    wirklich er singt:
Eine Hexe mit
hundert Rohrschellen an einem Stock
schwingt den Stock
Ich komme wieder! Ich komme wieder!

Ja ja kommt wieder! Fortgeschleuderter Stock
komme zurück und schelle! – Und

wiedergekommen schellen hundert Schellen in
hundert schrillenden Lüften:

Entbindet den Zaun entbindet!
Todkränze der Kinder der Hagel zerpflücke
und aus Papierblumen und etlichen
    häßlich gewordenen Rosen
Zukunft der Vortage, zerronnene, blicke! – Und

schellend Zwilling mal Zwilling von hundert
hellichten Schellen in einem
    Himmel von hohlen Lüften
sie holen zurück

Schneefiguren der Späte
Narren der Entwürfe
Windnachtigallen
Leidpapageien
Sonnen – – Sonnen, schellende
am Hexenstock, Schnee, eine Wolke an einem
Hexenstock,
     Leidkrähen, ächzende
     Äste voll Papageien – – halt ein!
halt ein, du mein Augenblick –
Augenblick meiner Liebe!

VON ALLEN GLEICHGÜLTIGKEITEN

Von allen Gleichgültigkeiten eine:
Ein Schiff unter Schiffen,
das abends ausfährt,
oder
eine diplomatische Rose.

Von allen Kieseln,
rund geschliffen von Denken,
ein Kiesel,
von Menschen- und Engelszungen
eine Zunge,
einziges Erz im Ofen.

Eine Flasche mit einer Post,
die an Ländern vorbeitreibt,
Kieseln vorüber der Ufer,
plappernden Zungen.

Von allen Gleichgültigkeiten
diese eine.

ICH WAR EINE HERDE

Ich war eine Herde
und rupfte Erfahrung.

Des Hirten Stab,
Sterne antippend

und Gräser: da,
die sind

das bittere Beste,
das Grünste.

Und Schatten
unter dem Rand seines Huts

und Licht um die Hände
des Hirten

und ich eine Herde
mit rupfenden Zungen.

WOMÖGLICH WOHNLICH

KINDER DES ZUSCHAUNS

Die sich nicht erwähnen:
Die Schatten der Schatten der Bäume.

Sie müssen licht sein
und die nüchternen Kinder des Zuschauns.

Es kommt ein Tag, du beginnst,
dich vor ihnen zu schämen,

mehr noch als dies geschah
angesichts des Baumblatts

inmitten des tanzenden
Kranzes aus Kindern.

NACH TUNKENDEN DONNERN

Nach tunkenden Donnern
die Teiche wieder glatt,
die Lettern der Blitze
getaucht auf den Grund,
und,

als wäre Einfalt
denkend geworden, nun
die Wasser, die vorhin
ganz dunklen, durchzuckt
vom Silber der Fische.

WO

Wo, im feurigen Wetter,
ein Duft ist
wilder Nelken.

Wo, im feurigen Wetter,
Schlüssel klirren
im Kies.

Wo, im feurigen Wetter,
Silben blinken
auf feuchten Lippen.

ZEIGEN

Da war,
da war doch,
vom Wassertode gefangen,
ein Schiffer.

Vom Wassertode gefangen,
stieß er
durch den Spiegel der Wasser
und zeigte uns,
zeigte uns fahrenden Schiffern

eine Handvoll
Graues vom Grunde.

MOND

Oder dich,
fromm an den Handgelenken,
nimmt Mond gefangen
mit scheinenden Schellen. – Da

rührst du dich nicht
und möchtest
ein Nachtlied erdenken

wie gestern die,
so gestorben.

ZIEGEL

Und so säumen sie denn
bei der dunklen
Schnur mit Korallen – ach,
miß die Zeit!
Sie baut sich
aus Ziegeln, je einem
Ziegel der Zeiten,
zu Türmen.

SPEERE

Auf der Woge
ein Gleichmut
zäumte die Reise
zum sprachlosen Ziel,
Ziel, das sich wirft.
Rings
staken Speere im Meer.

TAUBEN

Raschelndes Silber, die
andere Quelle.
In Feuerbäumen
rastende Tauben.
Ich wüßte den Pfad mir,
der sänftigt.

ANFANG MIT PINDAR

Wer sicher weiß
aus seinem Blut
die Totenstädte,

die Krüge harten Honigs
neben Gebein,

die Körner lockt er
zu seinem Gaumen
und schmeckt Alter.

Blüte getanen
Vergessens
entfaltet sich.

Zu ihrem Nektar,
im Staub junger Himmel,
taumelt die Imme.

für Gerhard Nebel

FRAGTE DIE STIRN

So kamen denn
die Feuer gelaufen,
vieler Zungen
Versuchung.

Das Herz
fast Erde
und sprechend schwer
mit dem Hellen,

das Herz,
fast Erde,
umringt
von zischelnden Ottern.

Was hättet ihr denn
von Zukunft zu sagen?
fragte die Stirn.

WILLKOMMENER MIR

Eines, das aufgeht, nein kein
Gedanke: der Mond, mein
Fenster erhellend.

Ja, Juni. Bald Sommer aus
dornichtem Lichte,
willkommener mir
als der seidene
Mond.

Mit brennenden
Schuhn über
Kiesel schlurfen, vom Staub
die Hände beraten, vom
Wegerich.

LIED UND GEGENLIED

...und sag dir spät:
Was ich von dem weiß,
was man immer nennt,
ist ziemlich nichts.

Ich glaube nur,
es wird das meine sein
mehr als die Wörter,
die der Staub nicht zählt.

Wen zählt der Sand,
vielleicht die Sterne?
Es ist die Unzahl.
Nimm es, wie du willst.

Zerreib die Reime
zwischen deinen Fingern, –
die Worte, die
sich lachend hier erwählt.

SCHEITEL DES BOGENS

Als die Brücke errichtet wurde
zwischen zwei Muscheln,
rauschenden, hörenden,
da rief schon
der öde Strand
hinüber zum Horizont
nach einem Wächter, zu wohnen
auf dem Scheitel des Bogens.

Noch antwortet
keine Stimme.

WOMÖGLICH WOHNLICH

Wohnend auf einem Rund,
das die Toten womöglich noch wissen.
Reif hängt funkelnd an ihm,
wirkliche vielbunte Blumen,
Nußzweige
halten sich leicht an ihm fest.

Und innen im Kreise ist,
über Mord, dennoch Siesta im Garten,
anderwärts Eislauf,
ein gemeinsames,
ein verweilendes, wenn nicht
wohnliches
Licht, sehr
erstaunlich.

Nachwort

Ernst Meisters »Zahlen und Figuren« erschien 1958 im Wiesbadener Limes Verlag. Meister schreibt in diesem Band hauptsächlich »minima lyrika« [1], um Clemens Heselhaus zu zitieren. Waren die früheren Gedichte häufig ›Erzählgedichte‹ mit einer üppigen, teils surrealen Bilderwelt, so sind sie nun karg, lapidar und abstrakt.

»Zahlen und Figuren« eröffnet die Reihe jener Gedichtsammlungen Meisters, die eine strenge zyklische Komposition aufweisen. In den sieben Abschnitten stehen die einzelnen Gedichte nicht isoliert und beliebig nebeneinander, sondern sind in ein vielfältiges Beziehungssystem gestellt. Ein dichtes Gewebe entsteht, ein umfassender Text. Symbole wie »Lamm«, »Gras«, »Himmel«, »Fisch«, »Vogel« und Begriffe wie »Ich«, »Tod«, »Gott«, »Zeit«, »Welt«, »Denken«, gewinnen leitmotivische Funktion. Sie sind die das Textgewebe bestimmenden Fäden.

Der Titel des Bandes bezieht sich auf ein berühmtes programmatisches Gedicht von Novalis, das sich im zweiten, dem unvollendeten Teil des Romans »Heinrich von Ofterdingen« findet:

Wenn nicht mehr Zahlen und Figuren
Sind Schlüssel aller Kreaturen,
Wenn die, so singen oder küssen
Mehr als die Tiefgelehrten wissen
Wenn sich die Welt ins freie Leben,
Und in die Welt wird zurückbegeben,
Wenn dann sich wieder Licht und Schatten
Zu echter Klarheit werden gatten,

Und man in Märchen und Gedichten
Erkennt die wahren Weltgeschichten,
Dann fliegt vor Einem geheimen Wort
Das ganze verkehrte Wesen fort.

Für Meister sind »Zahlen und Figuren« alles andere
als ›Negativposten‹ der Poesie, vielmehr kann nur in
ihnen das erscheinen, was Novalis so emphatisch er-
wartet: das »geheime Wort«, die »Märchen«, die
»wahren Weltgeschichten«. Sie gleichen der »Formel
und der Stätte« oder »Flut und Stein«, jenen Doppe-
lungen, die einander ergänzen, ohne daß sie ineinan-
der aufgehen. Diese Doppelungen bieten die Möglich-
keit, sich dem ›Ganzen‹ der Wirklichkeit anzunähern.
Es ist hier jene Ambivalenz vorhanden, die im ersten
Gedicht »Gedächtnis« (S. 9) aufscheint:

Es ist das Gehn, der Weg
und weiter nichts.
Die Schwermut blinzelt,
Sonne im Zenit.
Staub streuen lächelnd
Tote dir aufs Lid.
Es ist die Last
nie größeren Gewichts.

Das »Gehn«, »der Weg« sind einander ergänzende
Konstanten, die einmal Veränderung, zum anderen
Beharrung anzeigen. Der Weg figuriert als ›Lebens-
weg‹, das Gehn als Leben selber. Der Staub, den »Tote
dir aufs Lid« streuen, ist der Staub der Straße, der

Staub zu dem die Toten geworden sind und zu dem
das Du werden wird. Eine andere Bewegung ist das
»Fallen« (S. 11), es scheint gefährlicher, unausweichli-
cher. In dem gleichnamigen Gedicht wird Rilkes
Herbst mit all seinem metaphysischen Trost zurückge-
nommen:

Fallen.
Die Himmel halten nicht.
Kein Engel hält.

[...]

Fallen,
durch das vielmehr
Ende dem Anfang gleicht.

Diesem Fallen folgt kein Aufgefangenwerden, es
wird nicht durch eine glückliche Landung aufgeho-
ben, es ist die bleibende Figur der Existenz. Wenn An-
fang und Ende identifiziert werden, dann wird eine
Vorstellung Rilkes zitiert und gleichzeitig radikalisiert,
die in den »Sonetten an Orpheus« zu finden ist: »Wer
sich als Quelle ergießt, den erkennt die Erkennung; /
und sie führt ihn entzückt durch das heiter Geschaffne,
/ das mit Anfang oft schließt und mit Ende beginnt.«[2]
Die Geburt selber ist schon der Fall, der Tod seine logi-
sche Fortsetzung. Diese Erkenntnis wird u.a. dann ge-
wonnen, wenn es gelingt, sich in die Dinge zu versen-
ken, so daß man von ihnen geradezu ins »Verhör« ge-
nommen wird:

Ins Verhör
nimmt dich mit Schweigen
ein Stein.

Nun
aus verwestem
Ja und Nein

auferweckt,
kannst du unerschreckt

durchs Öhr
solcher Schöpfung steigen.
(»Verhör«, S. 19)

»Gehen«, »fallen«, »steigen« sind zielgerichtete Bewegungen. Das »du«, das die Spannung von »Ja und Nein« überwunden hat, kann »durchs Öhr« »steigen«, wohin dieses »Öhr« führt, das bleibt offen. »Gehen«, »fallen«, »steigen« richten sich auf ein leeres, auf ein unnennbares Ziel. Gleiches geschieht in dem Gedicht »Das Ich« (S. 14):

Das Ich dünkte sich
Hirte und Hund und
wandernde Herde zugleich.

Aktionen, Positionen, die ins Leere laufen. In der »wandernde[n] Herde«, mit der »Hirte und Hund« ziehen, erscheint jene Figur des »Gehns«, die in dem Gedicht »Gedächtnis« beschrieben wird: »Es ist das

Gehn[...]/und weiter nichts.« Das »Ich« selber wird zur dynamischen Größe, die aus verschiedenen Funktionen besteht. Es wird bebildert im Akt der Selbstreflexion. »Hirte«, »Hund«, »Herde« gehören zwar einem Bildbereich an, haben jedoch in diesem einen grundsätzlich unterschiedlichen Stellenwert. Die Polaritäten ›bewußt-unbewußt‹, ›führen-folgen‹, ›befehlen-gehorchen‹ können hier assoziiert werden. Wenn das »Ich« sich als eigener Hirte vorstellt, dann hat der transzendente Hirte (Jahve, Christus) ausgespielt. Die mythologischen Externa werden zu psychologischen bzw. intellektuellen Interna.

Gerade anhand dieses Gedichtes, wie auch von »Ich war eine Herde« (S. 99), läßt sich die Problematik der Meisterschen Traditionsbindung dokumentieren. Meister zitiert eine tradierte Bilderwelt, die nicht nur in den Psalmen, in der Brocklyrik oder sonstige ›hoher‹ Literatur sich findet, sondern gleichermaßen in der Trivialliteratur und auf Öldrucken der Jahrhundertwende anzutreffen ist. Warum scheut er die abgenutzten Bilder nicht? Warum sucht er sie geradezu? Eine Antwort wäre: Meister verwendet dieses verbrauchte Material deswegen mit Vorliebe, weil es von *vergangener* Existenzrelevanz zeugt. Der Hirte und seine Herde, um das konkrete Beispiel zu benutzen, bedeutete wirklich einmal etwas und war alles andere als süßlicher Zierat. Meister will auf die vergangene Bedeutsamkeit zurückkommen, will so die Bilder neugewinnen. Doch verfährt er nicht so, daß er die tradierten Bilder naiv zitiert, er stellt sie in einen neuen Zusammenhang. Er zwingt dem Zierat eine Existenzaussage ab, die zur tradierten Ikonographie sich konträr verhält. Die gesicherten Bilder dienen dann der Verunsicherung, sie gewinnen eine irritierende Kraft. Sie gleichen jenem »Stück Zeitungspapier« (S. 35) (»Zerknüllt/Nachrichten, Tode,/ der Wind/ beschnuppert sie.«), das nichts mehr gilt und zur Chiffre der Deformation wird.

Zu den Deformationen gehören auch die ›Gegenreden‹, eine davon zitierten wir schon (»Fallen«), eine andere findet sich in Gestalt des »Nicht Orpheus«, durch den Orpheus, »der noch weit in die Türen der Toten/Schalen mit rühmlichen Früchten hält.«[3], eine Absage erteilt wird. Auch »Nicht Orpheus« (S. 83) singt, doch es ist ein befremdliches Singen:

Lauscht, Tote,
auf des Wurmes Harfe!

[...]

Lauscht, mürbe Ohren,
auf des Wurmes Harfe! —

Was sind wir Spiegel,
wir,
der Wurm, das Gras —
wie bald
des Spieles gram!

Der »Spiegel« ist eine andere Figur. Nicht mehr Metamorphosen werden erwartet, nur noch Spiegelungen. »Wurm« und »Gras« sind »Spiegel« dessen, was im »brennende[n] Denken« bedacht wird:

> Das brennende Denken,
> vom Grüne gehalten,
> gestachelt vom trockenen
> Weißen der Wand,
> es wird dich nie
> dem Gewebe entreißen
> unabdingbaren
> Daseins.
> (»Das Denken«, S. 15)

Das Denken als Brand oder als Feuer, das sich an den Phänomenen entzündet. Es ist ein euphorischer, hochemotionaler Akt, in dem es um die Gesamtheit der Existenz geht. Dieses Denken, das so bildreich beschworen wird, das so machtvoll sich gibt, hat doch eine Grenze. Diese Grenze, könnte man mit dem bezeichnen, was in »Nicht Orpheus« »Spiegel« genannt wird. Die Aporien des Daseins können nicht überwunden werden, der Denkende ist denkend im »Dasein« gefangen. Der Text, der das »Dasein« ist, kann nicht überwunden werden. Die Metaphysik wird zur obsoleten Größe. Am Ende bleiben Kreisbewegungen, Wiederholungen von Figuren:

> Wenn ich denke,
> wieviel Hirne
> weiß und vergangen
> im Raume sind

und ich dies
mein Denken denke,
schließt sich
das Labyrinth.

Weißer Pfeil,
will ich
mein Schwarzes treffen.
(»Pfeil«, S. 12)

R. Kiefer

Anmerkungen

1 Heselhaus, Clemens: Deutsche Lyrik der Moderne von Nietzsche
  bis Yvan Goll. Die Rückkehr zur Bildlichkeit der Sprache. Düs-
  seldorf 2., durchgesehene Auflage 1962, S. 437.
2 Sonette an Orpheus, II. Teil, 12. Sonett.
3 Sonette an Orpheus, I. Teil, 7. Sonett.

INHALT

Ernst Meister
Sämtliche Gedichte hrsg. von R. Kiefer

wird fortgesetzt!

Rimbaud Presse